AF370142

EDICT DV ROY,

PORTANT REGLEMENT

pour l'assemblée des Estats de la Prouince de Languedoc, & des sommes de deniers qui seront imposées par chacun an : Ensemble la réuocation des vingt-deux Bureaux d'Eslection creés par Edict du mois de Iuillet 1629. Les Collecteurs des Tailles creé au mois d'Octobre 1631. Et creation en tiltre d'Office formé de trois Conseillers, Receueurs & Tresoriers de la Bource dudit païs de Languedoc, aux gages deux mil liures par an : Auec six deniers pour liure de taxations en l'année d'exercice seullement, & autres remises & descharges fait en faueur des villes & cõmunautez dudit païs.

Leu & publié en la presence du Roy, & Registré és Registres de l'assemblée des Estats Generaux de ladite Prouince, tenuë à Beziers le 11. Octobre 1632.

LOVIS par la grace de Dieu, Roy de France & de Nauarre : A tous presens & à venir, Salut. Encores qu'il ait esté pourueu par plusieurs Edicts, Arrests, & Reglemens faits, tant par les Roys nos predecesseurs que par Nous, aux abbus qui se commettent és impositions de deniers qui se font

A

en noſtre Prouince de Languedoc ; Neantmoins
le deſordre eſt venu à tel point, que nos ſujets de
ladite Prouince ſont aujourd'huy reduits dans vne
extréme neceſſité, tant par les grandes & exceſſiues leuées qui ont eſté faites ſur eux, ſans nos Lettres Patentes ſeellées de noſtre grand ſeau, que par
des frequents emprunts de deniers, au prejudice
de nos Arreſts & deffenſes, dont la moindre partie a eſté conuertie à noſtre proffit : Pour y reme-
dier , Nous aurions creu qu'il eſtoit neceſſaire d'e-
ſtablir en noſtredite Prouince le meſme ordre
qu'en toutes les autres de noſtre Royaume; & pour
ce créer vn Bureau d'Eſlection en chacun des
vingt-deux Dioceſes dudit pays ; Mais les Scindics & deputez d'iceluy nous ayant tres-humble-
ment requis & ſupplié de vouloir changer cét
eſtabliſſement en celuy des Commiſſaires au departement des Tailles qui procederoient auſdites
impoſitions, conjoinctemét auec ceux qui auoient
de tout temps droict d'entrer & aſſiſter aux aſſemblées des aſſiettes, & qui cognoiſtroient des diffe-
rens ſur le fait des Tailles , impoſitions, & leuées
de deniers , & autres clauſes & conditions portées
par le traitté fait & arreſté en noſtre Conſeil auec
leſdits deputez & Scindics le 20. Septembre de
l'année derniere : Nous y aurions tres-volontiers
conſenty , affin de leur teſmoigner que noſtre ſeu-
le intention n'auoit eſté que d'empeſcher les deſ-
ordres paſſez , & de les maintenir autant qu'il

nous seroit possible dans leurs anciennes coustumes, à la charge de payer & rembourser par eux à celuy qui auoit traitté auec nous desdites Eslections la somme de trois millions huiçt cens quatre vingts-cinq mil liures, à laquelle reuenoit la finance desdits Offices d'Esleus deux cens mil liures pour ses frais & desdommagement, & autres conditions portées par ledit traitté. Mais au lieu de le receuoir & executer ainsi qu'ils y estoient obligez, le Duc de Mont-morency, & ceux de sa conjuration qui vouloient proffiter de cette occasion, pour paruenir à l'effect du dessein qu'ils auoient formé contre nostre seruice : ont fait naistre tant de difficultez en l'execution d'iceluy, qu'apres vne longue tenue des Estats, ils n'ont resolu ny executé aucune chose de ce qui auoit esté traitté, negocié, & accordé par leurs deputez. Au contraire le 22. Iuillet dernier, aucuns des Deputez & Consuls de ladite Prouince seduits & sollicitez par ledit Duc de Mont-morency, ses adherans & complices, souz des diuers & faux pretextes de la ruine de la Prouince (comme si nous en eussions desiré la perte) & les autres forcez & violentez par prison, & detention mesme de leurs personnes, ont pris & signé des resolutions entierement contraires à nostre seruice, au bien & repos de nos sujets : Mais à present qu'il a pleu à Dieu de fauoriser nos armes par la prise des Autheurs & principaux chefs de cette rebellion : &

des villes, places & chasteaux de ladite Prouince
dont ils s'estoient emparez, Nous voulons y apporter vn si bon ordre & si aduantageux au bien &
soulagement de nostre peuple, que les abbus qui
ont esté pratiquez par le passé, puissent cesser à
l'aduenir : & que nos sujets voyent & cognoissent
qu'elle a esté la malice & l'artifice de ceux qui les
ont voulu seduire & abuser, & quelle a esté nostre
affection en leur endroit : Et d'autant que dans l'e-
stablissement desdits Esleus & des Commissaires,
nostre but n'a jamais esté autre que d'empescher
& preuenir les maluersations, soulager & descharger nostredite Prouince des grandes impositions
& leuées qui ont esté faites par le passé, à la ruine
totalle de nos pauures sujets dudit pays : Nous
auons resolu d'y pouruoir sans aucun changement
de l'ancien ordre qui se pratiquoit de tout temps
en ladite Prouince : Et pour cét effect reuocquer
l'establissement desdites Eslections fait en l'année 1629. sans qu'elles puissent cy apres estre re-
stablies, si l'ordre que nous voulons estre obserué
à l'aduenir en ladite Prouince est inuiolablement
suiuy, gardé, & executé, comme nous l'esperons.
A ces cavses, de l'aduis de nostre Conseil, où
estoient plusieurs Princes & Officiers de nostre
Couronne, & autres grands & notables person-
nages, & de nostre certaine science, pleine puissance & authorité Royale, Nous auons par nostre
present Edict perpetuel & irreuocable dit, statué

& ordonné, difons, ſtatuons & ordonnons :Voulons & nous plaiſt que doreſnauant les Eſtats de noſtre Prouince de Languedoc ſoient conuocquez & s'aſſemblent par chacun an au mois d'Octobre, en vertu de nos Lettres Patentes & Commiſſions qui ſeront annuellement expediées pour cét effet, auec les meſmes priuileges, libertez, & aduantages dont ils ont jouy auant l'année 1629. nonobſtant tous Edicts, Arreſts & Reglemens à ce contraires, leſquels nous reuocquons pour ce regard. Et affin d'empeſcher cette longue tenuë des Eſtats dont les frais ſont à grande charge à noſtre pauure peuple, Nous voulons que doreſnauant leſdits Eſtats ne puiſſent eſtre plus longuement aſſemblez que quinze jours, à compter du jour de l'ouuerture d'iceux. Deffendons tres-expreſſément aux Commiſſaires qui ſeront par nous deputez pour la tenuë deſdits Eſtats, enſemble à ceux dont ils ſont compoſez, de demeurer plus long-temps aſſemblez, à peine de faux, & de nullité de ce qui aura eſté traitté, geré & deliberé leſdits quinze jours paſſez, & de nous en reſpondre par chacũ d'eux en leurs propres & priuez noms. Les frais deſquels Eſtats nous auons liquidez & moderez à la ſomme de cinquante mille liures, en ce compris les gages des Officiers, ſans que ladite ſomme puiſſe eſtre augmentée, ſaiſi ny arreſtée pour quelque cauſe & occaſion que ce ſoit : laquelle ſomme ne ſera doreſnauant impoſée & leuée ſur le general dudit pays , & comprife dans nos Lettres Patentes & Commiffions, auec la fomme d'vnze mil cent foixante liures pour les frais, taxes, voyages & vaccations des vingt-deux Confuls & leurs Affeffeurs , & des vingt-deux Deputez des Diocefes de ladite Prouince, qui eft à raifon de fix liures chacũ par jour , tant pour lefdits quinze jours durant lefquels lefdits Eftats demeureront affemblez , que pour quinze autres jours, à quoy nous auons reglé le temps de leur voyage & retour. Et fera ladite fomme d'vnze mil cent foixante liures impofée & leuée fur lefdits vingt-deux Diocefes également , & diftribuée à ceux qui auront affifté aufdits Eftats , fans qu'elle puiffe eftre augmentée pour quelque caufe & occafion que fe foit à peine de peculat. ORDONNONS qu'il ne fera impofé & leué fur le general dudit pays, Diocefes , villes & communautez d'iceluy, aucune chofe, en vertu des Ordonnances des Gouuerneurs , & nos Lieutenans generaux, ny autrement, fi ce n'eft par nos Lettres Patentes deuëment expediées , controllées, & feellées de noftre grand feau : Nonobftant tous Arrefts, Reglemens & tranfactions, mefmes l'Arreft du 26. jour de Septembre 1609. lefquels Arrefts, Reglemens & tranfactions, Nous auons reuocquez & reuocquons par ces prefentes. Permettons neantmoins à chacune des villes qui n'auront point des Eftats arreftez en noftre Confeil de leurs frais ordinaires , d'impofer & leuer vne fois l'année: Sçauoir aux villes Chefs des Dioceses neuf cens liures, aux Chefs de Viguerie six cens liures, & à chacune des autres villes & communautez trois cens liures, s'il est ainsi jugé necessaire par la plus grande partie des contribuables, pour employer & conuertir à leurs affaires particulieres, suiuant & conformément à l'Arrest de nostredit Conseil du 6. Mars 1608. sans que pour raison de ladite imposition & leuée, ils soient tenus d'obtenir autres lettres & permissions que ces presentes: Au moyen dequoy, Nous auons interdit aux Officiers de nostre Cour des Comptes, Aydes & Finances, & mesmes à nostre Cour de Parlement, & Chambre de l'Edict, de permettre à l'aduenir l'imposition & leuée d'aucunes sommes de deniers: Nonobstant toutes les permissions, Reglemens, responses à cayers qui pourroient auoir esté faits & accordez, lesquels nous auons reuocquez pour ce regard. Deffendons en outre ausdits Estats, Dioceses, Villes & Communautez, de faire aucuns emprunts de deniers pour quelque cause & occasion que ce soit sans nostre permission particuliere. Declarons toutes les obligations, promesses & contracts qui seront passez au prejudice desdites deffenses nuls, & de nul effect: Et s'il y estoit contreuenu, Nous voulons que ceux qui auront emprunté & receu lesdites sommes, soient contraints de les payer, & remettre aux Receptes generales de nos Finances

de ladite Prouince, en vertu des Ordonnances &
executoires des Tresoriers generaux de France,
ausquels nous enjoignõs d'y tenir soigneusement
la main, à peine d'en respondre en leurs propres
& priuez noms : Et d'autant que par cy deuant nos
predecesseurs & Nous, auons fait plusieurs & diuers Reglemens pour empescher les abbus qui se
commettent en l'assemblée desdits Estats, sans que
nous en ayons peu voir l'effect, & nostre peuple
ressentir le soulagement que nous nous en estions
promis, Nous auons estimé n'y pouuoir apporter
aucun remede plus propre & plus necessaire pour
les empescher, que de voir examiner & prendre
cognoissance du maniement qui sera fait des deniers de ladite Prouince, les faire receuoir & mettre és mains de quelque Officier qui depende &
ait serment à Nous, & qui en demeure responsa-
ble : Ensemble de ce qui aura esté imposé, leué,
receu & emprunté au prejudice des presentes, &
par ainsi preuenir les desordres & maluersations
qu'ont faites par le passé ceux qui ont esté commis
à la recepte & Tresorerie de la Bourse dudit païs,
dont nous entendons qu'il soit fait vne exacte re-
cherche, afin de faire rendre & restituer à nostre
peuple ce qui a esté mal pris par lesdits Tresoriers,
Nous auons de nostre puissance & authorité cy
dessus reuoqué & reuocquons par ces presentes
toutes les Commissions qui pourroient auoir esté
expediées pour l'exercice de ladite charge, & au

lieu

lieu d'icelles creé & erigé, creons & erigeons en
tiltre d'Office formé trois nos Conseillers, Receueurs & Tresoriers de la Bourse de nostredit pays
de Languedoc: Ausquels nous auons attribué les
mesmes fonctions, priuileges & libertez dont ont
jouy ceux qui ont esté cy deuant commis à l'exercice desdits Offices: Et outre deux mil liures de
gages par chacun an, auec six deniers pour liure de
taxations de leur maniement en l'année d'exercice seulement, à la charge que ladite somme de cinquante mil liures accordée pour les frais desdits
Estats, le Tresorier qui sera en exercice, auancera
la somme de vingt mil liures pour subuenir aux
vrgentes necessitez, & despences pressantes de ladite assemblée, les comptes de la recepte & despence desquels Tresoriers seront clos & arrestez
pardeuant les Commissaires deputez par ladite assemblée, pour estre apres veuz & rapportez en nostre Conseil, & iceux auec les pieces justificatiues
remis par lesdits Tresoriers en nostre Chambre
des Comptes de Paris, pour y estre lesdits acquits
& comptes gardez soigneusement, afin que nous
& nostredite Prouince ne soyons pas obligez de
pouruoir à vne mesme despence plusieurs & di-
uerses fois, les pouruez desquels Offices de Receueurs seront receuz, & presteront le serment en
nostredite Chambre des Comptes de Paris. Voulons & ordonnons que toutes les Lettres & Commissions portans impositions & leuées de deniers

soient dorefnauãt addreſſées & preſentées en l'aſſemblée generale deſdits Eſtats, le departement
d'icelles fait & ſigné par les Commiſſaires & Pre-
ſidens en iceux, ſur lequel noſtre Greffier en ladite
aſſemblée expediera les Commiſſiõs neceſſaires
pour la leuée de nos deniers en chacun Dioceſe,
qui ſeront ſignées par noſdits Commiſſaires, &
ſeellées du ſceau de leurs armes, au lieu que leſdites Commiſſions n'eſtoient ſignées que par ledit
Greffier ſeul, lequel Greffier enuoyera en noſtredit Conſeil huiĉt jours apres ledit departement
fait, vn eſtat ſigné & certifié de luy, contenant les
ſommes qui auront eſté impoſées & departies en
ladite aſſemblée, & remettra vn autre Eſtat en chacun des Bureaux de nos Finances en ladite Prouince, & ſeront leſdites Commiſſions addreſſées
aux 22. Dioceſes dudit pays, à chacun deſquels
nous permettons de s'aſſembler vne fois l'année
ſeulement, à la charge de ne demeurer aſſemblez
que huiĉt jours, pendant leſquels ils feront le dé-
partement en leur Dioceſe des ſommes côtenuës
és Commiſſions deſdits Eſtats, expediées en ſuit-
te de nos Lettres Patentes, & pouruoiront aux affaires de leurs Dioceſes, ſans qu'ils puiſſent tenir
leſdites aſſemblées plus que leſdits huiĉt jours, à
peine de faux. Deffendons aux Gouuerneurs &
nos Lieutenans Generaux en ladite Prouince, & à
nos Commiſſaires, de deputer ny commettre à
l'aduenir aucuns Commiſſaires principaux pour

la tenuë defdites affiettes , & en leur lieu & place
Nous auons commis, nommé & deputé nos amez
& feaux les Prefidens & Treforiers generaux de
ladite Prouince chacũ en fon égard , aufquels nous
ordonnons d'enuoyer en chacun defdits Dioce fes
vn d'entr'eux pour tenir l'affiette, & y faire les im-
pofitions de deniers conjoinctement auec ceux
qui de tout temps ont accouftumé d'y entrer & affifter, dont le departemẽt enfemble le procez verbal de tout ce qui fera traitté & arrefté efdites affẽ-
blées,fera figné defdits Treforiers ; Comme auffi
les Mandes & Commiffions qui feront enuoyées
defdits Dioce fes aux villes & communautez particulieres, nonobftãt que jufques icy elles n'ayent
efté fignées & expediées,que par les Greffiers defdits Dioce fes feulement , lefquels Treforiers de
France Prefideront aufdites affiettes , & aurõt rang
& fceance en icelles immediatement apres les E-
uefques qui y affifteront en perfonne. Voulõs que
tous lefdits Euefques , enfemble les Barons qui
ont entrée aux Eftats , puiffent entrer & affifter efdites affemblées chacun en fon Dioce fe, fans que
lefdits Treforiers ainfi commis puiffent eftre nommez pour affifter deux années confecutiuement
en l'affiette d'vn mefme Dioce fe. Faifons deffences tres-expreffes aux Deputez defdits Dioce fes
de s'affembler qu'en la prefence defdits Treforiers
de France,à peine de nullité des Commiffions,de-
partemens,deliberations,procez verbaux, & autres

actes qui seront resolus esdites assemblées : Aux
Greffiers d'expedier lesdites Commissions, procez verbaux, départemens, mādes, & deliberations
qu'ils n'ayent esté signez de celuy desdits Tresoriers de France qui y aura Presidé, à peine de faux:
Et aux Receueurs particuliers, Consuls, Clauaires, Collecteurs , & tous autres d'y auoir aucun esgard. Ordonnōs ausdits Tresoriers de France qui
seront commis pour tenir lesdites assiettes, de prédre garde qu'il ne soit imposé autres & plus grandes sommes que celles qui seront contenuës esdites Commissions : Et quant aux frais desdites assemblées , apres que les deputez desdits Dioceses
auront rapporté en nostre Conseil l'estat des frais
necessaires pour la tenuë d'icelles, ensemble les
Arrests donnez pour ce regard, il y sera pourueu,
pour estre les sommes qui seront par nous ordon-
nées, distribuées entre ceux qui y assisteront, suiuant les Estats qui en seront dressez & arrestez, sans
qu'elles puissent estre augmentées pour quelque
cause & occasion que ce soit : & à cét effet elles seront employées és Commissions qui seront par
nous enuoyées ausdits Estats : Et d'autant que l'vn
des principaux desordres desdites asséblées pro-
cede de ce que les Greffiers desdits Dioceses estās
choisis par les Deputez seuls , ils dependent entierement d'eux ; Voulons & nous plaist que lesd.
Greffiers ne puissent estre nommez esdites assemblées des Dioceses, que du consentement , & en

la presence de ceux desdits Tresoriers de France
qui y assisteront. Ausquels nous ordónons de rap-
porter és Bureaux dont ils auront esté Deputez,
coppie du procez verbal, des deliberations, assiettes & departemens qui auront esté faits esd. assemblées, pour estre ledit procez verbal enuoyé par
lesdits Tresoriers de France en nostre Conseil,
auec l'estat qui aura esté remis en leur Bureau par
nostre Greffier en l'assemblée generale desd. Estats
contenát les sommes qui auront esté departies &
imposées sur lesdits vingt-deux Dioceses, affin
que nous soyons plainement informez de tout ce
qui aura esté faict, traicté, arresté, & imposé soubs
quelque pretexte & occasion que ce soit ou puisse
estre en ladite Prouince, & seront lesdites Commissions particulieres pour la leuée de nos deniers
signées desd. Tresoriers de France qui aurót Presidé ausdites assiettes, contresignées des Greffiers
desdits Dioceses, addressées aux villes & Communautez particulieres en la forme ancienne,
pour estre les sómes contenües en icelles, departies & leuées ainsi qu'il s'est pratiqué cy deuant.
Voulons que les Receueurs particuliers des Tailles de ladite Prouince reçoiuent des mains des
Collecteurs, tous & vns chacuns les deniers qui
seront imposez en l'estendüe desd. Dioceses, mesmes ceux qui seront leuez pour le payemét des taxes des Deputez, tant desdits Estats que desdites
assemblées, fors & excepté les 900. l. 600. l. &

300. I. que nous auons permis aux villes & communautez particulieres de faire impoſer & leuer,
& toutes les autres ſommes dont l'impoſitiõ leur
ſera permiſe par nos Lettres Patentes, pour employer à leurs affaires communes, dont les Con-
ſuls ne compteront que pardeuant les Deputez &
Officiers de leur Communauté en la maniere ac-
couſtumée: Et ſeront tenus leſdits Receueurs particuliers des Tailles, de faire veriffier les Eſtats
de leur recepte & deſpence pardeuant leſd. Treſoriers de France, & en compter en noſtredite Cour
des Comptes, Aydes & Finances de Mõtpellier.
Deffendons tres-expreſſement aux Cõſuls deſd.
villes & communautez de departir & impoſer aucunes ſommes outre & par deſſus celles qui ſeront
contenuës és Commiſſions amenées deſd. aſſiettes, ſignées deſdits Treſoriers de France, & des
Greffiers deſdits Dioceſes, & autres qui pourront
eſtre permiſes par noſdites Lettres Patentes, pour
quelque cauſe, occaſion, & ſoubs quelque pretexte que ce ſoit, ſur peine de la vie, & pour cét effect
Nous leur enjoignons de ne faire qu'vn rolle ou liure de toutes les ſommes qui s'impoſeront en l'eſ-
tenduë de chacune Communauté, en diſtinguãt
par articles ſeparez les natures de chaque leuée,
duquel rolle neantmoins ils ferõt deux originaux
tous ſemblables, leſquels ſerõt deliurez par ceux
qui auront faict l'aſſiette & departement dans leſdites Villes & Communautez au Collecteur qui

les portera au Greffier du Diocese, l'vn desquels il
retiendra pour estre par luy remis en lassiette sui-
uante és mains du Tresorier de France qui y presi-
dera, & par ledit Tresorier de France porté au Bureau duquel il aura esté deputé : affin que lesdits
Tresoriers voyent & cognoissent si les impositiós
faictes dans lesd. Villes & Communautez particulieres , sont plus fortes que celles contenuës aux
mandes & commissions emanées desd. assiettes.
Et quant à l'autre liure & Rolle il sera rédu par ledit
Greffier aux Collecteurs , apres auoir mis au bas
d'iceluy sa certification , contenant que les sommes y mentionnées & imposées sur les particuliers , ne montent & reuienent à plus grande somme que celle qui aura esté departie en lassemblée
des assiettes sur ladite Cómunauté , & ne sera led.
liure ou Roolle executoire sans lad. certiffication
pour laquelle ledit Greffier ne pourra prédre que
quarante sols seulemét, à peine de concussió, des-
fendons aux Collecteurs de s'ngerer en la recepte
desdits deniers imposez , & aux particuliers de
payer leurs taxes & cotte-parts qu'apres leur estre
apparu de ladite certiffication , à peine de peculat
pour le Collecteur , & pour les particuliers de
payer deux fois. Et d'autát que nous estimons l'ordre presentemét estably suffisant pour empescher
les abbus qui se peuuent commetre esdites impositions & leuées. Nous auons esteint & supprimé,
esteignós & supprimons par ces preséntes les ving-

deux Bureaux d'eslections crées & establis en no-
stred. Prouince par nostre Edict du mois de Iuillet
de l'année 1629. lequel nous auons reuoqué & reuoquons, à la charge que ceux qui ont traitté auec
nous desdites Eslectiós seront rêboursez actuelle-
ment de trois millions huict cens quatre-vingts
cinq mille liu. à quoy monte la finance des Offices d'Esleuz & droits hereditaires y attribuez, enséé-
ble de la somme de deux cés mille liu. à laquelle nous auons arbitré & moderé les frais & desdó-
magemét desdits traittans, & à cette fin nous voulons que lesd. sommes soient imposées & leuées
sur le General dudit païs en quatre années cósecu-
tiues qui commécerot en la prochaine esgalemét
par les quatre quartiers de chacune d'icelles, auec
les interests de lad. sóme principale de trois millions huict cens quatre vingts cinq mille liures, à
raison du denier dix, iusques à l'actuel payemét &
rêboursement d'icelles, lesquelles sommes seront
comprises en nos lettres Parentes, & Commissiós
qui seront expediez pour lesd. années, moyénant
quoy les gages & droitshereditaires, enséble les si-
gnatures de rolles & autres droits attribuez ausd.
Esleuz, demeurerót esteints & supprimez au proffit de ladite Prouince. Et ayant esgard aux tres-
humbles supplications qui nous ont esté faites par
les deputez d'icelle de vouloir descharger ledit
pays des Offices de Collecteurs crées par nostre
Edit du mois d'Octobre de l'année derniere, pour
faire

faire la recepte & collecte dans les villes & Communautez de tous les deniers qui se leuent, auec
attribution des deux sols pour liure, ensemble de
la reddition des comptes des Villes & Communautez dudit Pays en nostre Cour des Comptes,
Aydes, & Finances de Mont-pellier. Nous auons
par ces presentes reuoqué, & reuoquons nostredit
Edict du mois d'Octobre dernier, portant creation desdits Offices de Collecteurs des tailles, à
la charge de nous payer en deux années également
la somme de deux cens mil liures si deuant accordée par lesdits Estats pour ladite reuocation & ré-
boursement des auances qui auoient esté payées
en nostre espargne par ceux qui auoiét traitté auec
nous de l'execution dudit Edict. Et en outre auõs
deschargé les Consuls, Clauaires, & Collecteurs
de ladite Prouince, de rendre compte en nostredite Cour des Comptes, Aydes, & Finances de
Mont-pellier de leur administration. Et leur auons
permis d'en compter ainsi qu'ils auoient accoustumé, nonobstant tous Edicts, Arrests, & Reglemens à ce contraires, aux charges & conditions
portées par nosdites lettres du mois d'Auril dernier, expediées sur la Requeste des Scindics de ladite Prouince. Lesquelles entant que besoin est
ou seroit, nous auons par ces presentes confirmées
& ratifiées, auec deffences à nostredite Cour des
Cõptes, Aydes & Finances, de faire aucunes pour-
suittes contr'eux pour ce regard. Et afin de pour-

C

uoir en mesme temps de tous points aux impositions & leuées de deniers que voulons estre doresnauant faites en ladite Prouince, pour le secours que nous desirons en retirer, en attendant que la necessité de nos affaires nous puisse permettre de soulager nostre peuple, ce que nous ferons le plus promptement qu'il nous sera possible, nous estimons qu'il sera du bien & soulagement de nosdits sujets, de sçauoir quelles sommes ils aurót à payer pour l'octroy, ayde, Equiualét, garnisons, taillõ, augmentation d'iceluy, gratificatiõs des Gouuerneurs & Lieutenans generaux en ladite Prouince, gages d'Officiers, reparations, ponts & chaussées, subuentions extraordinaires, & generalemét pour toutes les despences qui pourront suruenir, afin que par vne seule & mesme Commission & imposition, ils puissent voir & cognoistre ce qu'ils auront à payer, & nous ce qui nous reuiendra de bon de ladite Prouince, sans qu'au courant de l'année ny cy apres nous soyons obligez de demander, & eux de payer d'autres & plus grandes sommes que celles contenuës en nos Commissions, qui seront presentées & leuës ausdits Estats, & par ce moyé descharger nosdits sujets des frais & exactions qui se font par des diuers departemens, & empescher les frequentes assemblées des Dioceses. Apres auoir veu & nous estre fait representer les impositions faites és années dernieres : Et l'Estat des charges que nous sommes tenus de payer

en ladite Prouince, & aux principaux Officiers
d'icelle, lesquelles nous voulons exactement faire acquiter. Nous ordonnons que d'oresnauant à
commencer en l'année prochaine. Il ne sera leué
sur le General dudit pays que les sommes cy apres
declarées & specifiées Assauoir la somme de deux
cens vingt-cinq mil six cens cinquante cinq liures dix-huict sols huict deniers, pour estre em-
ployée au payement des gages & taxations des
Receueurs & Controlleurs des receptes particulieres des Dioceses, rentes constituées tant anciennes que nouuelles, lesquelles nous sommes obligez de payer par chacun an aux particuliers pro-
prietaires desdites rentes, & pourueuz desdits Offices, deux cens vingt mil quatre cens septante quatre liures trois sols. Pour les gages de nosdits Tresoriers de France, rentes assignées sur lesdites receptes generales, & autres gages tant des Maistres
des Postes de ladite Prouince, que plusieurs autres
Officiers assignez sur lesdites receptes, deux cens
quarante mille trente vne liure. Pour les mortes
payes & garnisons necessaires pour la conseruat-
tion & seureté des places dudit pays, neuf mil six
cens liures. Pour les appointemens des Gouuerneurs desdites places, leurs Lieutenans & Officiers
de l'artillerie, residans en ladite Prouince, vingt-
cinq mil cent soixante dix liures. Pour l'entrete-
nement des Gardes du Gouuerneur, taxations &
frais des Commissaires & Controlleurs des guer-

res estans dans ledit pays, cinquante milles. Pour
les frais de l'assemblée des Estats generaux, & gages de leurs Officiers, suiuant l'estat qui en sera
par nous arresté, douze mille liures. Pour les reparations des places frontieres dudit pays, quarante
mil liures. Pour les reparatiós des ponts, chaussées
& chemins d'iceluy, soixante dix mil liures. Pour
les appointemens & gratifications des Gouuerneurs & nos Lieutenans Generaux, & autres personnes de ladite Prouince, assauoir vingt-quatre
mil liures pour le Gouuerneur, pareille somme
pour le Lieutenant general, & le surplus pour autres gratifications que ledit pays a accoustumé de
faire, neuf mil liures. Pour les gages & taxations
des Tresoriers de la bourse, deux cés quatre vingts
deux mil cinq cens liures. Pour les despences de
nostre gendarmerie assignées sur le Taillon & augmentation d'iceluy, suiuant l'aduis de l'assemblée des Notables de nostre Royaume tenuë à Paris en l'année 1627. Et la somme de trente mil liures pour les gages des Preuosts de nos tres-chers
Cousins les Mareschaux de France, & Officiers de
la Mareschaussée qui seront establis en ladite Prouince. Et d'autant que des sommes cy dessus, il ne
reuient aucune chose en nostre espargne, Nous
auons creu que ladite Prouince estant l'vne des
plus grandes & plus puissantes de nostredit Royaume, nous n'en pouuions receuoir vn moindre
secours qu'vn million cinquante mil liures par

chacun an, pour ayder à ſupporter les grandes &
exceſſiues deſpences que nous ſommes obligez de
faire pour la manutention de noſtre Eſtat, & le repos de nos ſujets. Et pour cét effet. Nous ordonnons qu'outre & par deſſus leſdites ſommes affe-
ctées aux charges dudit pays, il ſera impoſé & leué par chacun an ſur le general d'iceluy, la ſomme
d'vn million cinquante mil liures, pour eſtre les
deniers prouenans de ladite impoſition payez és
mains des Receueurs generaux de nos finançes, &
portez en noſtre Eſpargne, moyennant leſquelles
ſommes qui ſeront impoſées & payées, comme
dit eſt, ledit pays demeurera deſchargé enuers
Nous de ce qu'il doit payer pour l'octroy, ayde,
preciput de l'Equiualent, Taillon & augmentation d'iceluy, garniſons, appointemens des Gouuerneurs & nos Lieutenans Generaux, & autres
gratifications qu'il a accouſtumé de faire; entrete-
nement des gardes du Gouuerneur, vſtancilles, reparations des places frontieres, ponts & chauſſées,
ſubuentions extraordinaires, & de toutes autres
choſes generalemét quelconques, leſquelles ſommes cy deſſus ſeront à l'aduenir par chacû an impoſées & leuées ſur le general de noſtredit pays de
Languedoc, ſuiuant nos Lettres Patentes qui ſeront pour cét effect annnuellement enuoyées en
l'aſſemblée generalle deſdits Eſtats, pour y eſtre
par eux conſenty & deliberé par forme d'octroy
ordinaire qu'ils ſerót tenus de nous payer par cha-

ou an. Et pour faire voir & cognoistre combien
nous desirons le bien & soulagement de nostredite Prouince. Encore que la ferme de l'Equiualent
dont nous jouissons aujourd'huy nous appartien-
ne de toute ancienneté, & que nous en puissions ti-
rer vne grande & notable somme en receuant entierement ledit droict, neantmoins nous auons
par ces presentes remis & accordé, remettons &
accordons audit pays ladite ferme du droit de l'E-
quiualent pour en jouyr à l'aduenir, à commencer
au premier jour de Ianuier prochain, ainsi qu'ils
ont fait par le passé : & pour estre en l'assemblée
des Estats ledit droict affermé & adjugé en la forme ancienne, & le prix de l'adjudication remis és
mains des Receueurs generaux de nos Finances de
Tolose, & Mont-pellier, à la descharge & dimi-
nution de ladite somme d'vn million cinquante
mil liures. Permettons aux gens des trois Estats
dudit pays d'augmenter ledit droict de l'Equiualent qui se leue à present, & le faire leuer sur telles
autres denrées qu'ils jugerõt à propos pour le bien
& soulagement de la Prouince, afin que par cette
augmentation dudit droit, l'impositiõ sur les biens
roturiers & taillables puisse estre diminuée, à la
charge toutesfois de nous informer prealablement
de ladite augmentation & changement du droit,
& d'obtenir sur ce Lettres de ratification en nostre Conseil : & outre ce, Nous auons deschargé &
deschargeons ladite Prouince des diminutions &

desdommagemens qui pourroient estre deman-
dez & pretendus par ceux qui font à present fermiers dudit Equiualent, à cause de la nonjouïssan-
ce & interruption du bail qui leur en a esté fait en
nostredit Conseil, sauf à estre fait droiét ausdits
Fermiers pour leur dépossession ainsi qu'il appar-
tiendra. Enjoignons tres-expressement ausdits
Tresoriers de France, qu'en faisant leurs cheuau-
chées ainsi qu'ils y sont tenus, ils ayent à se faire
representer les comptes qui aurôt esté rendus dans
les villes & Cômunautez, pour voir & recognoi-
stre s'il a esté contreuenu à ce qui est de nostre pre-
sente intention & volonté, sans que pour raison
de ce ils puissent pretendre ny exiger aucunes es-
pices, salaires, frais, journées, & vaccations, sur
peine de concussion. Si Donnons en Man-
dement à nos amez & feaux les gens des trois
Estats de nostre Prouince de Languedoc, à present
assemblez en ceste ville de Beziers, que nostre present Ediét & Reglement, ils ayent à faire lire en
leur assemblée, & registrer és registres desdits E-
stats, & des Dioceses & villes dudit pays, pour
estre le contenu en iceluy gardé, obserué, & executé inuiolablement de point en point selon sa
forme & teneur, sans qu'il y soit contreuenu en
quelque maniere que ce soit sur les peines y contenuës, nonobstant oppositions ou appellations
quelconques, pour lesquelles & sans prejudice d'i-
celles, ne voulons l'execution des presentes estre

differée. Car tel est nostre plaisir. Nonobstant aussi tous Edicts, Ordonnances, Vz, Coustumes, Arrests, Reglemens & Lettres à ce contraires: Ausquelles & aux dérogatoires des dérogatoires y contenuës, Nous auons expressément dérogé & dérogeons par ces presentes: Et affin que ce soit chose ferme & stable à tousjours, Nous y auons fait mettre & apposer nostre seel. Donné à Beziers au mois d'Octobre l'an de grace 1632. Et de nostre regne le vingt-troisiesme. LOVIS. Par le Roy. PHELYPEAVX.

Leu & publié en la presence du Roy en l'assemblée des Estats generaux, du consentement des gens desdits Estats, & de l'aduis des deputez de la Cour de Parlement de Tolose, Cour des Comptes, Aydes & Finances de Mont-pellier, & Tresoriers Generaux de France de ladite Prouince, pour estre ledit Edict & Reglement executé selon sa forme & teneur. Et à cet effet sera registré és registres desdits Estats, & les coppies d'iceluy enuoyées és Dioceses de ladite Prouince de Languedoc, pour y estre pareillement leu, publié & registré, gardé & obserué sans contrauention. Par moy Conseiller du Roy en ses Conseils, Secretaire de ses Commandemens & Finances. A Beziers l'unziesme jour d'Octobre 1632. PHELYPEAVX.

Collationné à l'original par moy Conseiller, Notaire & Secretaire du Roy, & de ses Finances.

www.ingramcontent.com/pod-product-compliance
Lightning Source LLC
LaVergne TN
LVHW020641180726
843502LV00006B/2164